POUR COMBATTRE

les

MALADIES DES FEMMES

Aménorrhée, dysménorrhée. — Métrorragie,
ménorragie. — Leucorrhée (pertes blanches).
— Vaginite, métrite, ovarite, salpingite. — Déviations utérines. —
Age critique

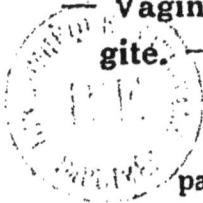

par Hector DURVILLE

TROISIÈME ÉDITION

BIBLIOTHÈQUE EUDIAQUE

Henri DURVILLE, imprimeur-éditeur

23, rue Saint Merri. — PARIS (IV')

Pour combattre
les maladies des femmes

POUR COMBATTRE

les

MALADIES DES FEMMES

Aménorrhée, dysménorrhée. — Métrorragie,
ménorragie. — Leucorrhée (pertes blanches).
— Vaginite, métrite, ovarite, salpingite. — Déviations utérines. —
Age critique

par Hector DURVILLE

TROISIÈME ÉDITION

BIBLIOTHÈQUE EUDIAQUE

Henri DURVILLE, imprimeur-éditeur

23, rue Saint Merri. — PARIS (IV')

1929

Aux lecteurs

Sauf de très rares exceptions, *toute personne dont la santé physique et morale est équilibrée, peut guérir ou soulager son semblable.* A défaut du père, de la mère, d'un parent, même d'un ami, on peut choisir une robuste paysanne, un solide gaillard qui soit honnête, compatissant et animé du désir de faire le bien. On le prie de s'asseoir devant le malade ou de se placer près de lui, de prendre ses mains dans ses mains en laissant tomber le regard sur l'estomac; puis, sans penser à autre chose qu'au soulagement, placer ses mains sur le siège du mal, les y laisser un certain temps et les déplacer ensuite lentement de haut en bas.

Par ce simple contact, une sorte d'équilibre vital tend à se faire de l'un à l'autre, *car la santé se communique comme la maladie;* le malade, même inguérissable, est presque toujours soulagé au bout d'une demi-heure, et, parfois, *la maladie la plus rebelle disparaît comme par enchantement.*

Malgré cela, pour magnétiser avec le plus de chances de succès, ceux qui n'ont aucune connaissance du MAGNÉTISME, feront bien de lire les ouvrages suivants de cette collection, d'abord: *Pour devenir magnétiseur*, puis, *Pour combattre les maladies par le magnétisme* (notions générales pour ceux qui ont des malades à guérir).

Prenant goût à cette pratique, pour compléter leur instruction, la *Physique magnétique* et les *Théories et procédés du magnétisme* leur deviendront nécessaires (1).

L'application du *magnétisme humain*, telle qu'elle est exposée dans la collection des « *Pour combattre* », s'applique aux *droitiers*. Pour les *gauchers*, les mêmes applications doivent être faites à l'opposé, car leur polarité est inverse de celle des autres.

(Voir pour détails ma *Physique magnétique* et mes *Théories et procédés du magnétisme*).

---

(1) Henri Durville, imprimeur-éditeur, 23, rue Saint Merri, Paris, 4e.

Considérations générales

Dans cette étude, je prendrai la femme au seuil de la vie génitale et la conduirai jusqu'au moment où elle cesse de pouvoir reproduire l'espèce. Cette période est comprise entre la puberté et la ménopause.

La *puberté* est caractérisée chez la femme par la première apparition de la faculté procréatrice, ou mieux encore par l'ensemble des phénomènes qui accompagnent la première ovulation. Elle a lieu vers l'âge de 12 à 14 ans. A partir de cette époque, la faculté procréatrice se développe rapidement. Les organes génitaux deviennent plus excitables et plus volumineux; les plis du vagin se multiplient, le mont de Vénus se dessine et se couvre de poils; les grandes lèvres se remplissent et deviennent plus rouges; les seins grossissent, l'aréole prend sa couleur rouge-brun, et le mamelon devient plus saillant. Alors, la première menstruation a lieu, avec certains caractères, tels que: modification de la voix, de l'attitude, des manières et des idées.

La faculté procréatrice, qui n'est encore qu'accidentelle, ne devient constante que lorsque la jeune fille est *nubile*, c'est-à-dire entièrement apte au mariage, ce qui n'arrive, sous notre latitude, que vers l'âge de 17 à 19 ans.

La *menstruation* est une évacuation de sang par voie vaginale, qui doit avoir lieu tous les mois, depuis la puberté jusqu'à la ménopause. Les menstrues (*menstrua*, de *mensis*, mois), appelées vulgairement *les règles*, durent normalement 3 à 6 jours. Elles sont souvent accompagnées de symptômes généraux, tels que fatigue, malaise général, agacement, énervement, changement de caractère, névralgies, douleurs locales plus ou moins violentes, et, parfois, état fébrile.

D'abord irrégulière chez la jeune fille en voie de formation, cette fonction ne tarde pas à se régulariser chez la femme bien portante, et ne cesse d'être régulière qu'à l'époque de la ménopause.

Je vais examiner successivement les divers accidents qui peuvent survenir chez la jeune fille en voie de formation et chez la femme qui devrait être en pleine possession d'elle-même. Comme la grossesse et l'accouchement ne sont pas des maladies, je n'en parlerai pas ici, pas plus que des accidents qui s'y rattachent, renvoyant les intéressées à l'étude que j'ai publiée sous ce titre: *Pour combattre les accidents de la grossesse (vomissements incoercibles, fausse couche, etc.), favoriser l'accouchement et les suites de couches.*

I

Aménorrhée, dysménorrhée

L'*aménorrhée* (de deux mots grecs qui signifient *privatif* et *couler*) est l'absence de menstruation chez la femme non enceinte en âge d'être réglée.

La cause peut tenir à l'inertie de l'utérus, à la faiblesse générale, qui se rattache presque toujours à la chlorose chez la jeune fille et à l'anémie chez la femme, à l'impression du froid, aux émotions violentes, à la constipation, au manque d'hygiène intime.

La *dysménorrhée* (de deux mots grecs qui signifient *difficulté* et *couler*) est caractérisée par l'état de la femme réglée chez laquelle la menstruation est difficile et douloureuse.

Les causes principales, qui sont nombreuses, peuvent tenir aux déviations utérines, à l'état nerveux, qui est souvent déterminé lui-même par l'anémie, à l'état congestif de l'utérus, à l'inflammation de cet organe et de ses annexes, à la constipation, aux polypes, fibromes et cancers.

Les troubles les plus divers peuvent être la conséquence de ces deux états.

La médecine classique oppose au premier, selon les circonstances, les médicaments dits emménagogues: absinthe, armoise, safran, rue; les

ferrugineux, les toniques, les révulsifs. Dans le
second, si elle veut agir honnêtement, elle appelle l'hygiène à son secours: c'est l'exercice au
grand air, les distractions, les bains de siège,
les injections très chaudes, les cataplasmes émol-
lients sur l'abdomen, même les suppositoires à
l'ichthiol, qui réussissent parfois. Mais le médecin peu scrupuleux prescrira de suite le curreta-
ge qui se paie très cher et ne donne que fort peu
de résultats satisfaisants.

Depuis quelques années, les médecins gyné-
cologistes sérieux emploient aussi le massage
qui a donné d'excellents résultats, comme dans
toutes les affections de l'utérus et des ovaires;
la méthode de Thure-Brandt est particulièrement efficace contre le plus grand nombre de
ces cas. Mais, pour trois raisons, le magnétisme
seul est encore de beaucoup préférable car: 1°
son action immédiate sur le système nerveux,
qui régularise toutes les fonctions de l'organisme,
tend immédiatement à rétablir l'équilibre; 2° se
pratiquant par-dessus les vêtements, il ne bles-
se en rien la pudeur des malades; 3° la pratique magnétique est à la portée de tout le monde, et il n'y a guère que pour les cas compliqués
que les malades ont besoin de recourir aux magnétiseurs professionnels.

Voici ce que du Potet dit de ces deux cas:

« Pour ce qui est des suppressions, elles ne
sont opiniâtres que pour les médecins, car le magnétisme rétablit toujours cet écoulement. Je
n'ai pas vu un seul insuccès dans les cas ordi-

naires; mais quelquefois dans les phtisies avan-
cées et compliquées de suppressions, la nature
se trouve trop affaiblie pour faire apparaître ce
flux nécessaire, et pourtant, même dans ce cas,
on peut encore constater ses efforts. Il n'est pas
un magnétiseur qui n'ait réussi à faire reparaî-
tre le flux supprimé, lors même qu'il ignorait
qu'il en fût ainsi, en magnétisant seulement dans
un but d'expérimentation.

« Dans les cas trop fréquents où la nature est
lente à produire une première évacuation, et que
des souffrances en résultent, le père ou la mère
de la jeune fille peuvent, par des procédés fort
simples, hâter la formation et éviter, à leur en-
fant, des malaises et des souffrances, quelquefois même empêcher des maladies de se développer. » (*Thérapeutique magnétique*, p. 287).

II

Métrorragie et ménorragie

La *métrorragie* (de deux mots grecs qui signifient *matrice* et *je sors avec violence*) est une
hémorragie de la matrice (ou utérus), qui a lieu
en dehors des époques menstruelles.

La métrorragie est dite *essentielle* lorsqu'elle
ne s'accompagne d'aucune lésion de l'utérus.
Cette forme est la plus rare. Elle est dite *symptomatique* lorsqu'elle est due à une lésion quelconque de l'organe ou des organes circonvoisins,
telle que cancer, fibrome, polype, kyste de l'o-

vaire, métrite, ovarite, salpingite, déviation de l'utérus.

Lorsque l'époque menstruelle s'accompagne d'un écoulement exagéré du sang, il y a également hémorragie, mais celle-ci prend le nom de *ménorragie* (de deux mots grecs qui signifient *mois* et *je sors avec violence*); et, dans ce cas, le sang expulsé est mêlé de mucus, de matière purulente, et accompagné de douleurs plus ou moins vives. La ménorragie est donc caractérisée par un écoulement de sang menstruel trop abondant et susceptible de déranger l'équilibre de la santé.

Lorsque l'hémorragie est abondante, surtout dans le premier cas, on observe ordinairement les signes généraux communs aux hémorragies, pouls petit et fréquent, décoloration des muqueuses, refroidissement des extrémités, tendance à la syncope, peu ou pas de douleur, sauf dans la ménorragie.

Lorsque la métrorragie est abondante, la médecine y oppose le tamponnement du vagin avec de la gaze iodoformée; s'il est moins important, c'est l'ergot de seigle sous forme de poudre ou d'injections hypodermiques, qui fait contracter les fibres et les vaisseaux, les opiacées qui frappent l'utérus d'inertie, les applications de glace sur le ventre ou la vulve, etc., et (les extrêmes se touchent) les injections chaudes à 45° et même 48°. Contre la ménorragie, c'est la saignée au bras, les réfrigérents à l'intérieur et à l'extérieur, les irritants dérivatifs à la peau, le re-

pos plus ou moins absolu dans le décubitus dor-
sal, avec élévation du bassin, et les injections très
chaudes.

Mieux encore que pour les cas précédents, le
magnétisme, appliqué dans le but d'exciter, fait
contracter les muscles, resserrer les vaisseaux,
et, presque toujours avec une rapidité qui tient
du prodige, l'hémorragie cesse immédiatement.
Aujourd'hui, beaucoup de médecins prescrivent
le massage général et même local contre les formes rebelles de ménorragie, surtout lorsque celle-ci a tendance à se produire à chaque menstruation.

III

Leucorrhée (pertes blanches)

La *leucorrhée* (de deux mots grecs qui signifient *blanc* et *couler*) est un écoulement par la
vulve d'un liquide quelconque autre que le sang.
Le liquide, plus ou moins abondant, varie suivant les cas en consistance, odeur et couleur.
Lorsqu'il est d'origine vaginale (pertes blanches
vulgaires), il est blanc laiteux, et parfois jaune-
verdâtre, abondant, visqueux et empèse le lin-
ge. Il peut encore venir des trompes; il est alors
plus filant et son expulsion est presque toujours
précédée de coliques du bas-ventre.

Cet état est génralement dû à la surabondan-
ce et à l'altération des liquides normalement
sécrétés par les muqueuses. On distingue la

leucorrhée idiopathique, résultant d'une débilité de l'économie et affectant particulièrement les femmes d'une constitution faible et lymphatique, soumises à un régime débilitant ou peu hygiénique, et la *leucorrhée symptomatique*, la plus fréquente, surtout chez les jeunes filles et les femmes atteintes d'inflammation simple, catarrhale ou blennorragique des muqueuses vulvaire, vaginale ou utérine, inflammation qui se développe parfois sous l'influence d'une diathèse herpétique, rhumatismale ou autre.

La leucorrhée s'établit presque toujours insensiblement et sans douleur, et son symptôme le plus apparent est l'écoulement vaginal (pertes blanches, fleurs blanches). Peu à peu, les organes génitaux s'irritent et les malades peuvent éprouver de la chaleur, des démangeaisons; puis, ce sont des douleurs vagues dans l'abdomen et la région lombaire, des tiraillements d'estomac, des troubles digestifs, des battements de cœur, malaise général, de l'anémie; enfin, un état languissant.

La durée de la maladie est généralement longue; et si, parfois, elle cesse brusquement, souvent aussi elle persiste pendant la plus grande partie de la vie.

En dehors de quelques moyens tirés de l'hygiène, la médecine y oppose, souvent sans résultat favorable, une médication reconstituante, antiherpétique ou antirhumatismale suivant les les cas; des injections chaudes au tannin, aux feuilles de noyer, sulfate de zinc, azotate de plomb, et des applications locales d'iodoforme, tannin en poudre, sous-azotate de bismuth, etc.

Sous l'action du magnétisme, l'état général se modifie immédiatement et l'écoulement diminue progressivement, pour disparaître complètement en un temps qui peut varier de quelques semaines à 2 ou 3 mois.

IV

Vaginite, métrite, ovarite, salpingite

La *vaginite* est une inflammation du vagin, résultant d'une excitation quelconque de la muqueuse vaginale. La maladie, généralement moins rebelle que la métrite, est simple, c'est-à-dire purement inflammatoire, ou blennorragique. Elle peut être intense ou légère, rester localisée à l'organe ou s'étendre à l'urèthre et à l'utérus. Lorsqu'elle est légère, les soins hygiéniques suffisent; mais l'inflammation est parfois assez intense pour que le médecin prescrive l'application de quelques sangsues, des bains tièdes prolongés, des injections émollientes et narcotiques. Dans la vaginite blennorragique, il applique ce traitement astringent (injections avec décoction de rose de Provins, de feuille de noyer; solution d'alun, de tannin, de sulfate de zinc, d'acétate de plomb, d'azotate d'argent, etc.), ou même à des caustique locaux (cautérisation avec la pierre infernale ou avec une solution concentrée de nitrate d'argent, etc.).

La *métrite* est une inflammation de la matrice (utérus). Comme la plupart des affections organiques, la métrite est aiguë ou chronique.

Au début, la *métrite aiguë* est caractérisée par un malaise, des frissons, quelquefois par des vomissements; le bas-ventre est douloureux sous la pression, et même sous l'action du toucher. L'utérus est augmenté de volume, rouge, tuméfié; la muqueuse est boursouflée; souvent, il y a métrorragie (hémorragie utérine). Si, au bout de quelques semaines, les symptômes diminuant d'intensité, ne disparaissent pas à peu près complètement, la maladie se modifie et peut même subsister très longtemps; elle prend alors le nom de *métrite chronique*. La métrite chronique peut débuter d'emblée, par des symptômes peu marqués, sans passer par l'état aigu. Celle-ci se reconnaît à la présence d'une légère douleur ou d'une sensation de pesanteur à l'hypogastre (partie antérieure du bas-ventre) ou du périnée. Cette douleur s'exagère pendant la marche, le coït, les voyages en voiture, surtout pendant les règles. On observe deux périodes: dans la première, dite congestive, le tissu de l'organe est rouge, gorgé de sang; dans la seconde, il s'épaissit, prend une certaine dureté et devient pâle: c'est la période d'épaississement ou d'induration. Les symptômes les plus constants sont la ménorragie (flux menruel prolongé et trop abondant), faiblesse dans la région des reins, fatigue dans les jambes, malaise général.

Les causes les plus fréquentes de la métrite sont: pour l'état aigu, la suppression des menstrues sous l'influence d'un refroidissement; pour l'état chronique, les excès du coït, surtout pendant la menstruation, la contagion blennorragique, l'usage de pessaires et l'introduction de liquides caustiques dans la cavité de l'utérus.

La médecine oppose à la maladie aiguë un traitement local très actif, consistant surtout en: sangsues au col de l'utérus, ventouses scarifiées, cataplasmes sur l'abdomen, injections émollientes tièdes, lavements laudanisés, repos absolu; dans la période chronique, ce sont les caustiques, tels que nitrate d'argent, teinture d'iode, cautérisations au fer rouge sur le col pour réveiller la vitalité, injections chaudes, hydrothérapie; et, trop souvent, le curetage, qui sert toujours à enrichir le chirurgien et presque aussi souvent à compliquer la maladie.

Dès que l'utérus est affecté, l'agent pathogène peut facilement gagner les annexes, c'est-à-dire les trompes et les ovaires. L'inflammation des trompes est dite *salpingite*; celle des ovaires, *ovarite*. L'une et l'autre sont fréquentes à la suite de l'accouchement ou d'irrégularité dans la menstruation.

L'ovarite s'annonce ordinairement par une douleur plus ou moins vive dans le bassin, s'irradiant vers l'aine et la cuisse; la douleur est continue, mais elle augmente pendant la marche, la toux, la pression. Si l'inflammation est intense, la douleur, plus vive, se complique de

symptômes généraux tels que fièvre, vomissements. Il peut se former à l'intérieur de l'organe
une collection purulente, c'est l'*ovarite suppu-
rée*. Lorsque la maladie se prolonge, il peut se
produire des adhérences autour de l'organe,
l'oblitération des trompes, et divers accidents
qui déterminent presque toujours la stérilité.
C'est pour cette affection que le médecin contem-
porain, trop souvent indélicat, prescrit l'ovario-
tomie, lorsque le mal, quoique d'une certaine
gravité, pourrait encore être facilement guéri,
même par les moyens hygiéniques qui sont con-
sacrés par l'usage.

Une branche des sciences médicales, la gyné-
cologie (traite de la nature et des maladies de
la femme), qui a emprunté au magnétisme et
surtout au massage des procédés dont l'application donne de bons résultats, a pris un grand
développement depuis quelques années, pour
le traitement de ces diverses affections passées
à l'état chronique. Un certain nombre de pra-
ticiens — qui sont presque tous médecins —
emploient l'électricité; d'autres, le massage
qu'ils modifient à leur façon; certains, et ce sont
ceux qui obtiennent les meilleurs résultats, une
forme du massage suédois pratiquée selon la
méthode de Thure-Brandt.

Par le magnétisme et surtout par le massage
magnétique pratiqué selon les règles de l'art,
on les modifie toutes avec une assez grande fa-
cilité, et il faut que le cas soit bien compliqué
pour que la guérison complète, ou à peu près

complète, ne soit pas faite en un temps qui peut
varier de 2 à 6 mois. Je vais indiquer sommai-
rement les procédés les plus simples à opposer
à ces différents cas, surtout pour que le mari
puisse guérir sa femme et que celle-ci se gué-
risse elle-même dans la mesure du possible, en
combinant ensemble les moyens que j'indique-
rai dans le chapitre VII.

V

Déviations utérines

La déviation est caractérisée par un changement de direction que présente l'axe longitudi-
nal de l'utérus par rapport aux parties qui l'entourent. En tenant compte du point où se dirige
le fond de l'organe, on distingue les déviations
en *antéversion*, *rétroversion* et *latéraversion*
(droite ou gauche).

Le diagnostic est impossible à faire pour tous
ceux qui n'ont pas une instruction médicale suffisante. Malgré cela, je vais donner quelques indications qui permettront de reconnaître un certain nombre de cas, et de les traiter convenablement.

Chez la femme saine, l'utérus n'est pas fixe;
il se déplace sous l'influence de la vacuité ou de
la plénitude des organes creux qui l'entourent,
surtout de la vessie et du rectum. Lorsque ces
derniers sont vides, le col de l'utérus est un peu
en arrière, au voisinage des dernières vertèbres

coxygiennes, le fond est en avant, derrière la
symphyse pubienne; s'ils sont remplis, l'organe
se redresse et s'incline davantage en avant.

La situation physiologique est donc l'*antéversion;* mais cette *antéversion* normale peut s'exa-
gérer et devenir pathologique à la suite de certaines inflammations, surtout des périmétrites
qui ont laissé des adhérences, des cicatrices avec
contractures ou raccourcissement des ligaments
utéro-sacrés.

La *rétroversion,* plus rare et plus grave que
la précédente, est toujours pathologique. Elle est
l'opposé de l'inclinaison normale. Le fond de
l'utérus repose en arrière sur le sacrum ou même
sur le plancher périnéal, et comprime le rectum,
tandis que le col est porté en avant.

Les *latéroversions* sont assez communes, surtout à droite. A un faible degré, le fond incliné
touche, par un de ses angles, la paroi pelvienne,
tandis que le col s'élève du côté opposé.

Les symptômes des déviations utérines sont
mal caractérisées et beaucoup de femmes en
sont affectées sans en souffrir. D'autres ressen-
tent une douleur sourde, ou des tiraillements
dans le bas-ventre, dans les reins, aux aines, et
de la plénitude du côté du rectum. La fatigue
et la marche exaspèrent ces phénomènes. Lorsque la malade est couchée sur le dos, ils s'exa-
gèrent encore dans la rétroversion et s'apaisent
dans l'antéversion. A défaut de connaissances

anatomiques suffisantes, ces deux caractères permettent de se rendre compte de la nature de la déviation.

Une des causes principales est la congestion des ovaires et des trompes qui se communique facilement à l'utérus et à ses ligaments. Les moyens de suspension perdent alors leur tonicité, ne remplissent plus parfaitement leurs fonctions, et l'utérus se rétroverse peu à peu. Si la poussée congestive disparaît rapidement, annexes, ligaments et utérus reprennent d'eux-mêmes leur position normale; mais si, au contraire, la congestion devient chroniqque, les ligaments se distendent définitivement et la déviation devient permanente.

Les moyens employés par la médecine classique sont aussi nombreux qu'incertains; quelques-uns d'entre eux sont même très dangereux.

Il ne faut pas s'adresser à l'utérus, mais surtout aux ligaments et aux annexes. Il faut agir doucement par le massage magnétique pour faire disparaître la congestion et, dans tous les cas, qui n'ont pas la gravité de certaines rétroversions, l'utérus reprend lui-même sa place normale. Lorsque le cas est grave, il faut stimuler les ligaments par le massage vibratoire, et il est rare qu'au bout de 2 à 3 mois, on n'obtienne pas, sinon une guérison complète, du moins une amélioration suffisante pour que la malade soit enchantée du traitement.

VI

Ménopause ou âge critique

La *ménopause* (de deux mots grecs signifiant *mois* et *cessation*) est, chez la femme, l'époque où l'écoulement menstruel disparaît.

Cette disparition des règles, qui a lieu ordinairement entre 40 et 50 ans, se fait parfois tout d'un coup, à la suite d'un refroidissement ou d'une violente émotion; mais, dans le plus grand nombre des cas, elle s'annonce plusieurs années à l'avance par une diminution dans la quantité du sang évacué et par l'irrégularité des époques menstruelles. Souvent, la santé n'est pas sensiblement altérée, mais il arrive assez fréquemment que des troubles divers surviennent du côté de l'innervation, de la circulation, de la nutrition et de la dénutrition. Le volume du ventre et des seins augmente parfois assez pour faire croire à la grossesse; puis, au bout d'un temps plus ou moins long, tout rentre dans l'ordre, sauf pour les seins qui deviennent mous et tombent de leur poids. Il peut y avoir des douleurs plus ou moins vives, des élancements dans les organes de la génération, des ménorragies (pertes) plus ou moins fréquentes, de la pesanteur des reins, des névralgies, des migraines, des maux de tête, des bouffées de chaleur (vapeurs), des vertiges, des palpitations, des troubles digestifs, des hémorroïdes et différents indices de congestion du cerveau, du foie et autres organes. Le caractère peut s'assombrir, et des éruptions cutanées, particulièrement l'acné rosacé, peuvent survenir. Enfin, cette période, pendant laquelle le *sang se place*, pour me servir d'une expression populaire, constitue véritablement pour la femme l'*âge critique*, car il met parfois sa vie en danger.

Quoique cette période, souvent longue et douloureuse, ne menace que rarement la vie dans son principe, elle n'en marque pas moins, dans un très grand nombre de cas, le début de la vieillesse si redoutée. Ainsi, au fur et à mesure que disparaît la faculté de procréation qui donne à la femme sa grâce, son charme et sa beauté, sa voix se modifie, sa physionomie s'estompe d'une ombre qui n'a plus rien de poétique, des poils disgracieux appelant les dépilatoires croissent sur le visage qui se ride, les cheveux deviennent plus rêches et ont tendance à tomber, les contours de la silhouette se fondent dans l'embonpoint qui commence à se dessiner et l'exppression devient prosaïque.

Sauf quelques pilules qui n'ont d'autre valeur que celle de remplir la caisse de certains médecins qui en donnent la formule aux pharmaciens qui les vendent, la médecine, en dehors des moyens hygiéniques, n'a rien à opposer à l'état plus ou moins inquiétant de l'âge critique.

Par le magnétisme, qui exerce une action immédiate sur la circulation et sur le système nerveux, on obtient rapidement une amélioration très sensible dans l'état général quel qu'il soit; cet état, de dangereux qu'il pouvait être, cesse peu à peu sans donner d'inquiétude et l'invasion de la vieillesse est toujours considérablement retardée.

Il faut surtout diriger l'action sur l'état général, pour calmer ou exciter les diverses fonctions de l'organisme, selon les besoins.

VII

Traitement

Le magnétisme combiné avec le massage constitue le mode de traitement le plus puissant, le plus efficace et aussi le mieux à la portée de toutes les malades souffrant des affections que je viens de décrire. Malgré cela, les intéressées devront, dans la mesure du possible, combiner ensemble les moyens suivants:

Magnétisme et massage magnétique. — La personne, forte, robuste et bien équilibrée, au physique comme au moral, se chargeant du traitement, devra s'asseoir commodément devant la malade, appliquer les pieds contre les pieds, les genoux contre les genoux et les mains sur les cuisses ou sur l'abdomen, en laissant tomber doucement le regard sur la poitrine et en ne pensant qu'à équilibrer la malade, pour établir le rapport magnétique de l'un à l'autre. On peut tenir la malade par les pouces, de telle façon que les surfaces intérieures soient en contact; et on ne tarde pas à éprouver une sorte de picotement aux points de contact, qui indique que le rapport commence à s'établir. Lorsqu'il est bien établi au bout d'un temps qui peut varier de 5 à 10 minutes, appliquer successivement les mains sur le bas-ventre, sur l'estomac et sur les reins, comme pour compléter ce rapport. Ensuite, debout ou assis, faire, pendant 5 à 6 minutes, des passes longitudinales très lentes, de la tête à la région de l'estomac, puis de la poitrine jusqu'aux extrémités, pour saturer la malade. Ensuite, la magnétisation doit être continuée en modifiant les procédés, selon les cas. Je vais indiquer les principaux de ces procédés, tout en laissant la plus grande initiative au praticien qui pourra les remplacer les uns par les autres, selon les effets qui en résulteront.

1°. — *Aménorrhée, dysménorrhée.* — Etant assis devant la malade, faire de longues applications des mains sur les reins, le ventre et le bas-ventre. Placé à la gauche du malade, appliquer la main gauche au front, les doigts légèrement écartés et dirigés en l'air, la droite à la nuque pendant quelques instants; puis, avec celle-ci, faire des frictions traînantes sur la colonne vertébrale, de la base du crâne jusqu'au bas des reins. Frictions rotatoires sur cette dernière région; et en revenant vers la droite de la malade, sur l'estomac, le ventre et le bas-ventre. Frictions traînantes sur la poitrine, l'estomac et le ventre, en suivant le trajet des côtes et des nerfs rachidiens, de la colonne vertébrale pour arriver au sternum et à la ligne médiane qui lui fait suite; puis, étant assis devant la malade, continuer ces frictions de la région des reins jusqu'aux extrémités, en passant sur les cuisses et les jambes. Passes longitudinales et passes à grands courants de la tête aux pieds, pour régulariser l'action. Dans l'aménorrhée, on devra exciter énergiquement le bas-ventre au moyen des impositions digitales et même des impositions rotatoires. Les séances, d'une durée totale de trente à cinquante minutes, devront, selon la gravité des cas, être plus ou moins répétées. Dans la dysménorrhée, deux ou trois séances pratiquées au moment des époques suffisent presque toujours pour faire cesser toute difficulté et calmer complètement les douleurs.

2°. — *Métrorragie, ménorragie.* — Agir comme dans les cas précédents, en excitant le bas-ventre le plus possible au moyen des frictions rotatoires sur le ventre et les reins, et surtout par des impositions digitales. Sous cette action bien dirigée, les muscles et les surfaces relâchées se contractent rapidement et souvent l'hémorragie cesse au bout de quelques instants. En voici un exemple très remarquable: En 1899, une femme de 32 ans, affectée depuis l'âge de 14 ans d'une perte à peu près continuelle, qui l'avait mise dans un état d'anémie et de délabrement tel qu'elle pouvait à peine se traîner,

vint me trouver. Sous l'action de cette magnétisation excitante, en moins d'un quart d'heure,
l'écoulement cessa pour ne revenir qu'au bout
de 3 mois. La malade reprit rapidement ses forces, et au bout de 6 mois, les règles étant parfaitement régulières, la guérison pouvait être
considérée comme complète et radicale.

3°. — *Leucorrhée*. — Agir plus particulièrement sur l'ensemble de l'organisme, comme cela
est indiqué pour les deux cas précédents. Par
des applications hétéronomes, calmer les organes dont les fonctions sont tropp actives, et stimuler par des impositions palmaires d'abord,
digitales ensuite, ceux qui manquent d'activité.
Dans la plupart des cas, une séance tous les 5
à 6 jours suffit; pour ceux qui sont plus tenaces,
surtout au début du traitement, séances tous les
jours ou tous les deux jours.

4°. — *Métrite, ovarite, etc.* — Dans les cas aigus, la malade est au lit; dans les cas chroni-
ques, il y a avantage qu'elle soit étendue hori-
zontalement sur un divan, sur le lit ou sur le
banc de massage. Dans cette position, agir surtout par application des mains sur le bas-ventre, en position hétéronome pour les cas aigus,
en position isonome pour ceux qui sont chroni-
ques. Effleurages répétés sur les reins et le bas-
ventre, malaxations très légères de ces parties
et terminer la séance par des applications hétéronomes et des passes à grands courants pour
régulariser l'action.

5°. — *Ménopause*. — Comme pour les deux premiers cas, il faut d'abord agir sur l'ensemble de l'organisme; puis calmer les fonctions qui sont exagérées et augmenter celles qui sont ralenties. Comme il n'y a pas deux cas qui se ressemblent, je suis obligé de laisser la direction des détails du traitement au bon sens et à l'inspiration du praticien.

6°. — *Déviations*. — Le traitement est sensiblement différent des précédents. Il faut évidemment exciter; mais cette excitation doit être localisée. Après avoir employé le plus grand nombre des procédés indiqués pour les cas précédents, surtout les applications, les effleurages, les frictions rotatoires et les frictions traînantes, la malade étant étendue sur le banc de massage, sur un divan ou même sur un canapé-lit, l'abdomen à nu, les genoux relevés et les jambes légèrement écartées pour mettre les muscles abdominaux en état de relâchement, le praticien se place à la droite de la malade. Appliquant la main droite à 2 ou 3 centimètres au-dessus du mont de Vénus, il cherche à mettre l'organe à la place qu'il doit occuper. Il le maintient là pendant 4 à 5 minutes; et, en se plaçant ensuite convenablement pour que la main gauche, les doigts dirigés en bas maintiennent l'organe en remplacement de la main droite, il exécute avec celle-ci rendue libre des mouvements de vibration destinés à mettre en activité les couches profondes et plus particulièrement tels ou tels ligaments suspenseurs de l'utérus, dans le but de leur donner la tonicité qui leur manque et provoquer leur contraction.

Je ne peux pas en dire davantage, car cette manipulation est la plus difficile de toutes, et il est absolument impossible de la faire bien comprendre à quiconque n'a pas une connaissance approfondie de l'anatomie et qui, de plus, ne connaît rien du massage. Forcément, les cas rebelles doivent fatalement être laissés au professionnel qui connaît tous les secrets de son art.

Auto-magnétisation. — Dans le plus grand nombre des cas, la malade peut exercer une action très salutaire en se magnétisant et se massant elle-même. Pour cela, elle doit appliquer les mains sur le bas-ventre pendant quelques instants; puis, faire des frictions rotatoires et des frictions traînantes, sur le ventre et les reins. Malaxations, effleurages et frictions traînantes sur les cuisses et les jambes, en ayant soin de procéder de haut en bas et non de bas en haut comme le font les masseurs.

Moyens auxiliaires. — Ces moyens sont surtout tirés de l'hygiène et de l'alimentation. Il serait trop long d'indiquer tout ce qu'il faut faire ou ne pas faire dans tel ou tel cas; je me contente de donner des indications générales. — L'exercice modéré et la promenade au grand air, l'hydrothérapie, les frictions, les irrigations chaudes ou tièdes magnétisées, les frictions sèches sont toujours recommandables. Nourriture légère, presque végétarienne, surtout à l'époque de la ménopause; les boissons magnétisées qui exercent une puissante action sur les fonctions digestives sont surtout très utiles. Eviter les drogues et tenir toujours le ventre libre sans recourir aux purgations violentes (v. à ce sujet: *Pour combattre la constipation*); dormir dans une chambre saine et claire, la fenêtre ouverte, même en hiver; et, dans la mesure du possible, éviter les émotions violentes.

VIII

Exemples de cures

Les journaux et ouvrages divers traitant de la thérapeutique magnétique publient le compte-rendu d'un nombre trop considérable de guérisons de ces divers cas pour que je m'attarde à les citer. Je vais seulement reproduire quelques-uns des cas les plus remarquables que les intéressées pourront considérer comme autant d'exemples.

I. — *Aménorrhée*. Observation de M. Bégué, magnétiseur.

Depuis 3 ans, tous les mois, à peu près à la même époque, Marie Estève, 17 ans, était prise par des symptômes divers qui, sans mettre ses jours en péril, lui faisaient éprouver de vives souffrances. Ils se traduisaient par des coliques excessivement violentes, le ballonnement du ventre, le gonflement des seins, trouble de la vue, migraine, vertiges et fièvre. Cet état persistait de six à huit jours au même degré d'intensité, et disparaissait sous l'influence d'une diarrhée dont la durée n'était que de quelques heures.

Cette affection, qui revenait périodiquement tous les mois, était la conséquence d'une trop grande plasticité du sang, le flux menstruel ne pouvait s'établir convenablement. Les traitements variés, entrepris à diverses reprises, n'ont jamais produit de résultats favorables.

Magnétisée cinq ou six jours avant l'apparition de ces sypmtômes, elle les a vus disparaître comme par enchantement, et le sang redevenu liquide sous l'effet de la magnétisation, a pris, enfin, la route tracée par la nature.

L'eau magnétisée en boisson et en lavements a été dans ce cas un puissant auxiliaire. (*Journal du Magnétisme*, t. 17, p. 85).

II. — *Aménorrhée*. — De M. André, magnétiseur.

Le 29 septembre dernier (1860), la nommée Thérèse X..., femme de chambre, âgée de 34 ans, vint me consulter relativement à une suspension de flux mensuel datant de soixante-quinze jours, me dit-elle. Son état était pitoyable, la face était jaunâtre, les yeux abattus et cernés, la langue chargée de mucosités épaisses, l'appétit nul, l'épigastre enflé et douloureux au toucher, la respiration difficile. Des nausées presque continuelles, suivies de vomissements sanguinolents après chaque repas, lui permettaient à peine de prendre le plus léger aliment. En outre, il y avait une toux sèche, très fatigante et presque continuelle qui aurait pu faire supposer que les poumons étaient attaqués de phtisie.

Des douleurs lancinantes et insupportables se faisaient sentir entre les deux épaules, au bas des reins et de chaque côté des aînes. Le ventre était tendu et dur. Une leucorrhée épaisse et légèrement verdâtre existait depuis près d'un mois. La tête était le siège de violentes douleurs. Enfin, une faiblesse générale et une grande prostration se joignaient à tous ces symptômes.

Interrogée à quelle cause elle pensait pouvoir attribuer son état, elle me répondit qu'étant chez sa mère elle avait pris un bain de pieds le troisième jour de l'apparition de ses règles, sans penser mal faire, mais que, dès le même soir, le flux cessa. Pourtant, aucune sensation pénible n'eut lieu d'après ce phénomène et, jusqu'au mois suivant à l'époque ordinaire (c'était ordinairement du 4 au 5 de chaque mois), elle n'éprouva aucun malaise. Là, seulement, elle eut de la céphalalgie, des douleurs sourdes dans le bas-ventre, quelques nausées et un sentiment de lassitude générale; elle consulta un médecin qui lui prescrivit quelques emménagogues, mais sans résultat. Le sang ne vint pas.

Au bout de quelques jours, les principales douleurs disparurent pour ne laisser qu'une grande fatigue. Dans cet intervalle de mieux, elle se plaça comme femme de chambre auprès d'une dame qui venait à Nice; mais, dans le courant du mois, et surtout à l'époque ordinaire de ses menstrues, son état empira. Ce fut alors, d'après les conseils de diverses personnes, qu'elle prit quelques grands bains, s'appliqua des sinapismes aux cuisses, but quelques tasses d'infusion de safran, se purgea, plaça pendant plusieurs jours des cataplasmes très chauds sur l'épigastre et sur le bas-ventre, etc., mais tout cela sans succès, et la maladie avait fait des progrès tellement rapides que sa maîtresse ne voulait plus la garder, et qu'elle avait manifesté l'intention de la renvoyer chez elle ou de la faire entrer à l'hôpital. Entre ces deux alternatives, et souffrante comme elle l'était, le découragement s'était emparé d'elle, lorsqu'elle vint me consulter le 20 septembre.

Après l'avoir bien examinée et interrogée, afin d'avoir des données assez complètes pour régler mon mode de magnétisation, je me mis à agir ainsi:

Je magnétisai d'abord à grandes passes, depuis la tête jusqu'aux pieds. Après dix minutes d'action, elle me dit que je lui faisais du bien.

Aucune envie de sommeil ne se fait sentir chez elle. Après vingt minutes de magnétisation générale et à distance, aucun indice ne m'indique qu'elle tombera en sommeil, alors je fais des frictions magnétiques sur l'épigastre avec la main gauche, et le long de la colonne vertébrale avec la main droite. Je magnétise ainsi pendant quinze minutes.

Ensuite, je porte toute mon action sur le bas-ventre, d'abord par l'application des mains, puis, par des frictions. J'agis encore ainsi vingt minutes.

Le magnétisme avait duré une heure, et j'avais fait disparaître toutes les douleurs, mais le sang n'avait pas paru, je n'y comptais pas, et j'étais satisfait du résultat obtenu.

Je recommandai à Thérèse de revenir le lendemain à la même heure autant que possible, afin d'être encore soumise à l'action du magnétisme. Elle vint, en effet, mais pour m'annoncer que le sang avait paru et qu'elle ne souffrait plus nulle part.

Ainsi, en une seule séance, non seulement le magnétisme avait calmé toutes les douleurs de cette pauvre jeune fille, mais avait fait apparaître les règles quinze jours plus tôt que l'époque ordinaire. Ce dernier phénomène s'explique peut-être par le désordre et l'irrégularité que cette longue suppression avait dû occasionner dans les organes génitaux. Pourtant, le mois suivant, le sang ne parut qu'à l'époque ordinaire, c'est-à-dire du 4 au 5 novembre, ce qui faisait un intervalle d'environ quarante-cinq jours entre la menstruation provoquée par le magnétisme et celle de la nature. Le 4 décembre dernier, la menstruation eut lieu; elle avait repris son cours ordinaire. (*Journal du Magnétisme*, t. 20 p. 6).

III. — *Aménorrhée.* — Dans ma pratique, j'ai obtenu de très nombreux résultats, souvent, en une seule séance; mais, considérant ces cas comme très ordinaires, je n'en ai presque jamais rendu compte. J'en relève pourtant un, que j'ai publié, en 1884, dans le t. 22 du *Journal du Magnétisme,* p. 271, qui est curieux à plus d'un titre.

A la suite d'une suppression de règles, Mme la comtesse de X... éprouvait les malaises les plus divers.

Pendant des périodes de dix à vingt jours, souvent répétées, elle gardait le lit ou la chambre et, dans ses meilleurs moments, les digestions étaient excessivement pénibles, souvent elle vomissait le repas qu'elle venait de prendre; la tête était constamment lourde, les nuits se passaient sans sommeil, l'impressionnabilité était excessive, le ventre constamment ballonné, dur et douloureux, de l'oppression, des battements de cœur, des éblouissements, une constipation opiniâtre, une fièvre lente qui se manifestait surtout le soir, ne lui laissaient pas un seul instant de calme.

Ici, j'ouvre une parenthèse — la malade vint seule me prier de la recevoir de suite, afin de ne pas être exposée être vue dans le salon l'attente. Elle me raconta ses souffrances et me pria de vouloir bien la magnétiser dans l'espoir de lui rendre la santé. Je lui demandai d'abord quel était l'objet de son scrupule, en lui faisant observer que la crainte d'être découverte nuirait à l'action du magnétisme. Sa réponse fut à peu près celle-ci: j'appartiens à une ancienne famille de la noblesse française. Deux membres de ma famille sont médecins et occupent de hautes situations dans l'armée: le médecin de la maison ne veut entendre parler du magnétisme, et personne de ma famille ne veut y croire. Avant mon mariage, j'ai été guérie en quelques jours, par M. le baron du Potet, de troubles digestifs dont je souffrais depuis environ six mois. Depuis dix-huit mois que les règles ont cessé de paraître, j'ai enduré les plus cruelles souffrances. Le médecin de la maison qui me voit tous les jours, mes deux parents, ainsi que les sommités de la science médicale ne m'ont apporté aucun soulagement, et je crois que le magnétisme peut me guérir. Toutefois, comme je souffre tant depuis si longtemps, j'ai encore quelque crainte et, pour éviter tout le ridicule qui retomberait sur moi en cas d'insuccès, je vous en supplie, permettez-moi de garder l'incognito. Plus tard, vous me connaîtrez.

Nous étions en juin 1883, et ce n'est qu'en décembre que je la rencontrai dans un salon de l'aristocratie parisienne. Elle tint sa promesse en me priant de ne pas dévoiler son nom.

Revenons au traitement.

Elle vient tous les jours avec sa femme de chambre, qui était seule dans sa confidence.

Au bout de cinq à six jours, un mieux sensible se faisait sentir. L'appétit était bon, la digestion régularisée, le sommeil devenait meilleur et la fièvre tendait à disparaître. La constipation durait toujours et rien ne paraissait encore modifié dans l'abdomen, au contraire; les urines étaient plus rares et plus cuisantes. Je magnétisai alors fortement les reins, le ventre et le bas-ventre dans le but de produire un relâchement. Le douzième jour, une diarrhée épouvantable se déclara après d'assez violentes coliques. Pendant cinq jours consécutifs, les selles se multiplièrent et, dans un même jour, il y en eut jusqu'à vingt-deux. La malade s'affaiblit beaucoup, et ce n'est qu'au bout de huit jours qu'elle eut la force de revenir.

Dans son état de faiblesse, j'aurais pu faire paraître immédiatement les menstrues, mais une hémorragie était à craindre. Il fallait de la patience. Je la magnétisai sans autre intention que de la fortifier. En effet, elle devint de plus en plus forte, tous les symptômes inquiétants disparurent et les règles arrivèrent le vingt-neuvième jour, après vingt et une séances. Elle revint encore plusieurs fois, à cinq ou six jours d'intervalle, et l'équilibre fut complètement rétabli. Mme la comtesse de X... jouit aujourd'hui de la santé la plus florissante.

IV. — *Métrorragie.* — Observation du Docteur Castle.

Mlle X..., âgée de 18 ans, d'une constitution faible et chlorotique, ayant une leucorrhée continuelle, avait eu ses époques interrompues pendant plusieurs mois à l'âge de 16 ans.

Elle avait pris des remèdes; les menstrues étaient survenues, et pendant une année environ tout allait à peu près bien. Au bout de ce temps, il y eut un retard de 15 jours par suite d'un refroidissement, et depuis lors des menstrues, très douloureuses, étaient apparues 2 fois par mois, à 5 à 6 jours seulement d'intervalle, c'est-à-dire qu'elles avaient une durée de 10 jours environ chaque fois.

La première fois que je la vis, elle était dans un état d'épuisement; son pouls était d'une faiblesse extrême. Je lui ordonnai un régime généreux en lui recommandant bien cependant de ne jamais surcharger son estomac.

Je la fis coucher sur un matelas dur, le bassin un peu élevé, et les pieds, qui étaient glacés, enveloppés de flanelle. Pendant la durée de ses pertes, je la magnétisai deux fois par jour d'une manière générale et en dégageant de temps en temps là où les douleurs étaient les plus vives. Lorsque le flux cessa, je lui permis un peu de mouvement, tout en répétant chaque jour la magnétisation que je dirigeais en grande partie sur la région utérine. A la suite de cet accident, l'intervalle s'est prolongé jusqu'à quatorze jours: c'était 8 jours de plus que les intervalles précédents, et les menstrues suivantes, qui n'ont duré que 6 jours, ont été moins abondantes et moins douloureuses.

Après cette fois, l'intervalle a été de 20 jours, et les menstrues se sont produites en quantité à peu près normale. Depuis lors, la jeune personne n'a plus eu de rechute. (*Union magnétique*, t. 2, p. 562).

V. — *Métrorragie*. — Observation de M. A. Bernard.

Une dame d'un tempérament sanguin, qui s'est mariée à l'âge de 20 ans, a eu, aussitôt après son mariage, des hémorragies utérines qui se sont continuées presque sans interruption jusqu'à l'âge de trente-six ans. — Ces hémorragies n'avaient pour cause ni tumeur de la région hypogastrique, ni ulcération de l'utérus, ni écoulement leucorrhéique. — La métrorragie est survenue sans cause appréciable. — Plus tard, les docteurs ont pensé que le travail de la machine à coudre nuisait à l'action des médicaments qu'ils ordonnaient, mais les hémorragies avaient commencé avant le commencement de tout travail à la machine et la malade ne pouvait cesser ses occupations ayant besoin de son travail pour vivre. — Au cours des nombreux traitements essayés par cette dame, il y a eu quelques rares et passagers arrêts des hémorragies; mais ces semblants d'améliorations ne se maintenaient pas au-delà de quelques jours au grand désespoir de la malade, lorsqu'un jour, dans le courant de 1888, l'auteur de ces lignes reçut de M. Hector Durville un numéro spécimen de son journal. La lecture de ce numéro l'intéressa et, à partir de ce jour, il chercha à savoir ce qu'était le magnétisme et le bien qu'on pouvait en retirer au point de vue curatif. — Mais malgré son désir de faire le bien, il a hésité longtemps à l'employer, ne sachant comment magnétiser pour le faire avec fruit, et il a ainsi perdu beaucoup de temps.

Enfin, vers la fin de 1889, il se décida à essayer le magnétisme pour, sinon guérir, au moins soulager la malade qui, ayant tout essayé, ne savait plus à quel saint se vouer.

Le résultat dépassa son attente, car la malade est guérie depuis deux ans et elle n'a eu aucune rechute.

Voici comment j'ai procédé. — La malade étant habilllée et debout devant moi à environ soixante centimètres de distance, je dirigeai la pointe de mes doigts en face le bas-ventre pendant cinq minutes environ et à la fin j'écartai mes mains dans le sens horizontal, en les abaissant légèrement et fis ainsi quelques passes transversales pour finir. — Je faisais deux ou trois petites séances par jour. — A la grande surprise de la malade et à la mienne, l'écoulement sanguin se ralentit d'abord et finalement cessa.

Quand le moment des époques menstruelles arriva, le sang ne voulait pas prendre son cours, j'appliquai ma main gauche à la région du cœur quelques minutes et fis quelques passes excitantes, la main gauche au côté gauche et la main droite au côté droit. — Les menstrues s'établirent — et comme une fois établies elles avaient une tendance à ne pas vouloir cesser, je

les arrêtai comme la première fois le cinquième
ou le sixième jour. J'ai continué ainsi au moment et après les époques menstruelles — pendant trois ou quatre mois — et la malade guérie
n'a pas eu une seule rechute depuis sa guérison.
(*Journal du Magnétisme*, t. 25.)

VI.— *Métrite, ovarite.*— Observation du Docteur Charpignon.

Une jeune dame d'Orléans avait eu, à la suite
d'une couche, une maladie grave des organes du
bas-ventre. Traitée par plusieurs médecins, elle
avait échappé à la mort, mais la maladie passa
à l'état chronique, se concentra sur la matrice,
les ovaires et les ligaments, et laissa la malade
incapable de se lever, en proie à des douleurs
sourdes et presque continues.

D'autres médecins donnèrent en vain leurs
soins à cette malade; un nombre considérable
de sangsues furent employées; vingt saignées,
vésicatoires sur le ventre, préparations mercu-
rielles, opiacées sous toutes les formes; l'opéra-
tion de la curette utérine fut pratiquée par un
médecin qu'on fit venir de Paris; mais, malgré
tous ces énergiques moyens et à cause d'eux,
dirai-je même, la malade arriva, au bout de six
années de luttes, à un état de faiblesse, de com-
plications morbides telles qu'elle fut abandonnée
comme devant succomber dans plus ou moins de
temps. On était à la fin de 1854, et par une de
ces circonstances qu'on appelle hasard et qui
arrivent à point pour empêcher la vie de finir,

le Docteur Léger vint à Orléans, et fut consulté pour cette dame.

Ce médecin comprit de suite la mauvaise direction donnée aux soins que recevait la malade; il fit tout changer, et conseilla comme le plus puissant moyen de salut l'emploi du magnétisme, et me fit appeler.

La malade ne mangeait plus, nous lui fîmes prendre des bouillons et des jus de viande; elle buvait des tisanes émollientes, on la mit à l'eau vineuse; elle ne pouvait supporter la lumière du jour sans s'évanouir, les persiennes de la chambre restaient fermées, on fit arriver l'air et la lumière; depuis cinq mois, on n'avait pu faire le lit, à cause des souffrances du ventre et les syncopes qui survenaient dans les mouvements, nous parvînmes en quelques jours à changer la malade de lit; une enflure générale existait par tout le corps, avec une décoloration complète de la peau, les règles n'avaient pas paru depuis plus d'un an, le Docteur Léger prescrivit le phosphate de fer; chaque soir, la malade prenait trente gouttes de laudanum pour avoir un peu de calme, et, si elle y renonçait, elle était en proie à une agitation nerveuse pénible, et ses douleurs du bas-ventre augmentaient; on supprima rigoureusement ce calmant factice et pernicieux.

Dès la première magnétisation, j'endormis la malade et je pus, dès lors, lui procurer un sommeil bien autrement préférable à celui de l'opium. J'avais le soin de magnétiser le soir, afin de laisser une nuit meilleure sous l'influence du magnétisme. Le somnambulisme ne se manifesta point, mais l'action du magnétisme était profonde. Peu à peu la malade put manger convenablement; elle se leva bientôt, puis marcha dans ses appartements; les règles reparurent après deux mois de traitement, les douleurs diminuèrent considérablement, le sommeil revint, enfin, une amélioration notable fut obtenue.

Cependant, il y avait encore beaucoup à désirer; la malade restait pâle, bouffie, ne pouvant sortir dehors; le magnétisme avait épuisé son action, je le cessai et je le remplaçai par des frictions d'eau froide salée et par des douches froides. Le mieux progressa assez rapidement: nous arrivâmes au beau temps, et je fis prendre des douches en plein jardin et au soleil. On put, enfin, dire que la malade était guérie; elle conservait encore un peu de difficulté dans sa marche et de la sensibilité dans les parties primitivement affectées, aussi je crus devoir l'envoyer prendre les eaux à Enghien, d'où elle vient de revenir parfaitement rétablie.

Nous venons de voir dans cette observation l'efficace puissance du magnétisme ramener le calme et l'équilibre dans le système nerveux, ramener les forces et l'appétit et régulariser les fonctions digestives; mais son action était insuffisante pour opérer la recomposition du sang d'une part et pour ramener les forces musculaires tombées dans une inertie extrême. Les préparations ferrugineuses et les douches d'eau froide ont satisfait aux besoins de l'organisme.

C'est ainsi que, par une combinaison de la médecine naturelle et de la médecine artificielle, il
a été possible de guérir une affection des plus
graves et des plus compliquées.

Celui qui s'adonne à la pratique de l'art de
guérir doit se prémunir contre les prétentions ex-
clusives des systèmes. La Nature est un grand
livre dont chaque page renferme des secrets différents, soumis tous à une même loi synthéti-
que et génératrice. L'intelligence des secrets de
la nature sera toujours plus ou moins complète
et en rapport avec les facultés individuelles, facultés que nous pouvons développer par l'étude
et par le sympathisme, en d'autres termes, nous
pouvons nous faire savants et sensitifs. Pour
conclure et nous renfermer dans notre spécialité
et nos aptitudes, je dirai: La médecine sera toujours un art et une science, et il y aura toujours
des artistes de valeur différente, que vous ap-
peliez ces artistes médecins ou magnétiseurs.
(*Journal du Magnétisme*, t. 15, p. 395.)

VII. — *Métro-péritonite.* — Observation du
Docteur Louyet.

La malade que j'avais accouchée le 2 du même mois, après huit heures d'un travail labo-
rieux, était primipare et âgée de vingt-deux ans.
Sans cause connue, elle avait été prise, dans la
matinée, à des intervalles plus ou moins rappro-
chés, de douleurs sourdes et lancinantes dans
l'abdomen, douleurs dont la violence arrachait
des cris à la malade et la portait quelquefois à

mordre ses draps. D'abord restreintes au côté
gauche et l'ombilic, elles avaient fini par en-
vahir toute l'étendue du ventre qui s'était considérablement ballonné. L'appareil musculaire
était dans un état de constriction remarquable;
le moindre mouvement, la plus légère pression
sur le ventre, le poids même des couvertures et
des cataplasmes ravivaient les douleurs; la face
était grippée; le pouls, qui était très serré, s'é-
levait à 102; il y avait suppression des lochies,
flaccidité des seins et constipation; la peau
était brûlante, une soif ardente tourmentait la
malade, et l'air qu'elle expirait fendillait les lèvres; enfin, l'appareil fébrile avait un caractère
effrayant.

A l'énumération de ces symptômes, quel est
le praticien qui ne reconnaîtra pas une métro-
péritonite puerpérale? maladie connue de tout
temps pour être une des plus redoutables qui
puissent affecter les femmes en couches. D'après
le professeur Andral, la marche de la péritonite
est tellement aiguë qu'un petit nombre d'heures s'écoule entre l'époque de l'invasion de cette
maladie et celle de la mort.

Sachant donc combien il était important d'agir
promptement et énergiquement pour triompher
d'une pareille maladie, nous décidâmes que 30
sangsues seraient appliquées sur le ventre, et
qu'après leur chute la malade serait mise dans
un bain tiède de corps, si elle pouvait le supporter. Des boissons adoucissantes et un lave-

ment purgatif furent ajoutés aux moyens pres-
crits ci-dessus.

Nous nous reposâmes bien tristement, n'ayant
pas une confiance aveugle dans les moyens
qu'on allait mettre en usage, sachant par expé-
rience combien la médecine est peu puissante
pour vaincre un mal aussi redoutable.

A peine ai-je quitté mon confrère, que l'idée
du magnétisme se présente à moi. Je remonte
et j'en propose l'application. M. Léger l'accueil-
le avec empressement, regrettant que l'espèce
de terreur où l'avait jeté la maladie de sa femme
l'ait empêché d'y penser d'abord; nous nous
mîmes à l'œuvre, et, en moins de vingt minutes
de magnétisation pratiquée sur le ventre, tout
rentra dans l'ordre. La réaction sur l'appareil
circulatoire avait tellement diminué que le pouls
tomba de 102 à 84, puis à 80; l'on put impuné-
ment palper et percuter l'abdomen; les lochies
reparurent; la figure reprit son expression naturelle et un sourire de satisfaction de la malade
nous donna l'assurance que le magnétisme venait encore d'opérer un prodige. Pendant la nuit,
quelques douleurs du ventre se manifestèrent
de nouveau, et M. Léger en fit justice en 3 ou 4
minutes de magnétisation. Depuis ce temps, la
santé s'est de plus en plus consolidée, sans qu'on
ait eu recours à la science officielle.

Quel est donc cet agent mystérieux qui, sous
l'influence de notre volonté, harmonise si rapidement les fonctions, en faisant disparaître, com-

me par enchantement, d'aussi effrayants symptômes?

En présence d'un pareil résultat, nous ne pûmes nous empêcher de déplorer l'opposition de la plupart de nos confrères qui, non seulement, ne veulent pas pratiquer le magnétisme, mais encore traîtent de charlatans ceux qui font leurs efforts pour propager cette importante découverte; mais ils ont beau faire, les plus beaux raisonnements du monde ne pourront jamais rien contre les faits et, malgré la richesse de notre matière médicale, on est loin d'y trouver un agent thérapeutique dont les vertus égalent celles du magnétisme dans une foule de maladies. Ce qui devrait surtout les engager à le mettre en pratique, c'est l'insuffisance, l'incertitude et souvent même le danger des moyens que la médecine emploie, et pour ne pas sortir de l'observation que je viens de rapporter qui ne sait combien on sature de mercure, tant à l'intérieur qu'à l'extérieur, les pauvres femmes affectées de métro-péritonite puerpérale! L'engouement pour ce médicament est tel que j'ai vu employer dans nos hôpitaux l'onguent mercuriel sur le ventre, à la dose de 500 gr. par jour. Trop heureuses les femmes qui, après avoir résisté à un pareil traitement, n'ont pas perdu une partie de leurs dents! (*Journal du Magnétisme*, t. 11, p. 124).

Henri DURVILLE

Cours de Magnétisme personnel

6ᵉ édition entièrement refondue   60ᵉ mille

Superbe volume de 1.120 pages, grand format, orné de 250 gravures, d'un portrait de l'auteur et de tableaux hors-texte. Voici un rapide aperçu de sa table des matières:

Appel. Le Secret du pouvoir. L'altruisme.

L'Usine humaine. Nécessité de connaître les machines et les deux dirigeants. La voie de l'Initié.

L'Equilibre physiologique. Rôle de l'alimentation, de la respiration et des exercices physiques.

L'Education de l'esprit. L'auto-suggestion dans la cure morale. Auto-suggestion graphique. Auto-suggestion dans la cure des maladies. La mémoire. Le cœur et la volonté.

La Maîtrise de l'inconscient: le regard magnétique, la concentration mentale, l'isolement, la maîtrise de soi.

Le Magnétisme expérimental et curatif: comment agit le magnétisme. Procédés magnétiques, les sujets sensitifs, expériences à l'état de veille, le sommeil magnétique, les états superficiels et profonds de l'hypnose, la lucidité et l'intuition, action des corps inanimés, thérapeutique magnétique.

L'Hypnotisme: Procédés de sommeil et de réveil, l'hypnotisme à l'état de veille, le sommeil hypnotique, les états suggestif, cataleptique, somnambulique et léthargique, les états intermédiaires, l'hypnotisation des animaux.

La Suggestion verbale: ses limites, le diagnostic de la suggestibilité, expériences à l'état de veille, le sommeil suggestif et ses phases, la suggestion dans l'éducation et dans la vie sociale, la suggestion indirecte. — *La Suggestion mentale.*

La Thérapeutique suggestive: influence de la pensée sur le corps et l'esprit, la suggestion imposée et raisonnée.

Mise au point toute nouvelle des questions si à l'ordre du jour de Magnétisme personnel, d'Hypnpotisme, de Suggestion, de Télépsychie et de tous les problèmes qui s'y rattachant. Le *Cours de Magnétisme personnel* doit figurer dans la bibliothèque de tout adepte des questions psychiques; c'est une source d'enseignements qu'on chercherait vainement ailleurs.

Prix: 46 francs

(port en sus, France: 3 fr. 25, étranger: 10 fr. 20)

recommandation en sus

Henri DURVILLE, imprimeur-éditeur
23, rue Saint Merri, Paris, 4ᵉ

Henri DURVILLE

LA VRAIE MÉDECINE

2ᵉ édition   *125ᵉ mille*

Prix: 3 fr. 75
(port, France: 0 fr. 45, étranger: 1 fr. 20)
recommandation en sus

Un terrible fléau règne sur le monde, un fléau qui, chaque jour,
étend le nombre de ses victimes. Ce fléau, c'est la maladie. Peut on
vaincre? Oui, affirme résolument M. Henri Durville. Mais pour ce
faire, il faut abandonner les méthodes classiques qui se sont mon-
trées inutiles ou nuisibles. La médecine qui drogue est une erreur et
un danger. Pour guérir, point n'est besoin de drogues, de toxiques,
de sérums, d'injections. Cette thérapeutique est non seulement illogi-
que et antinaturelle, *mais elle est dangereuse, très dangereuse.* Ce
qu'il faut, c'est revenir à la saine nature; c'est apprendre à vouloir,
à penser.

Henri DURVILLE

La Médecine psycho-naturiste

3ᵉ édition   *200ᵉ mille*

Prix: 3 fr. 75
(port, France: 0 fr. 45, étranger: 1 fr. 20)
recommandation en sus

Clair exposé de l'application des doctrines psycho-naturistes à la
cure des maladies organiques et psychiques, des troubles mentaux
et sentimentaux. M. Henri Durville s'élève vigoureusement contre la
médecine qui drogue, puis il reproche à la médecine purement natu-
riste de ne s'occuper que du corps sans s'inquiéter des forces psychiques et nerveuses. A ces méthodes dangereuses ou insuffisantes,
il oppose la *médecine psycho-naturiste* qui, elle, ne songe qu'à favoriser l'œuvre de la Nature dans sa lutte contre le mal, en mettant
à la fois, le corps et l'esprit dans les conditions les plus favorables,
sans négliger un facteur très important: le sentiment. De nombreuses
observations qui terminent l'ouvrage montrent que les résultats obte-
nus sont nettement supérieurs à ceux qu'on peut attendre de n'im-
porte quelle autre méthode thérapeutique et, cela, dans tous les
domaines de la pathologie.

Henri DURVILLE, imprimeur-éditeur
23, rue Saint Merri, I